DIESES BUCH GEHÖRT:

NAME	
STRASSE	
ORT	
TELEFON	
E-MAIL	

Noise Publishing
Benzhauser Straße 23
79108 Freiburg im Breisgau

© 2019

DATUM	UHRZEIT VON/BIS	ART DER LÄRMBELÄSTIGUNG

DATUM	UHRZEIT von/bis	ART DER LÄRMBELÄSTIGUNG

NOTIZEN

DATUM	UHRZEIT VON/BIS	ART DER LÄRMBELÄSTIGUNG

DATUM	UHRZEIT VON/BIS	ART DER LÄRMBELÄSTIGUNG

DATUM	UHRZEIT VON/BIS	ART DER LÄRMBELÄSTIGUNG

DATUM	UHRZEIT VON/BIS	ART DER LÄRMBELÄSTIGUNG

DATUM	UHRZEIT VON/BIS	ART DER LÄRMBELÄSTIGUNG

NOTIZEN

DATUM	UHRZEIT VON/BIS	ART DER LÄRMBELÄSTIGUNG

DATUM	UHRZEIT VON/BIS	ART DER LÄRMBELÄSTIGUNG

DATUM	UHRZEIT von/bis	ART DER LÄRMBELÄSTIGUNG

NOTIZEN

DATUM	UHRZEIT VON/BIS	ART DER LÄRMBELÄSTIGUNG

DATUM	UHRZEIT VON/BIS	ART DER LÄRMBELÄSTIGUNG

DATUM	UHRZEIT VON/BIS	ART DER LÄRMBELÄSTIGUNG

DATUM	UHRZEIT VON/BIS	ART DER LÄRMBELÄSTIGUNG

DATUM	UHRZEIT VON/BIS	ART DER LÄRMBELÄSTIGUNG

DATUM	UHRZEIT VON/BIS	ART DER LÄRMBELÄSTIGUNG

DATUM	UHRZEIT VON/BIS	ART DER LÄRMBELÄSTIGUNG

DATUM	UHRZEIT VON/BIS	ART DER LÄRMBELÄSTIGUNG

NOTIZEN

DATUM	UHRZEIT von/bis	ART DER LÄRMBELÄSTIGUNG

DATUM	UHRZEIT VON/BIS	ART DER LÄRMBELÄSTIGUNG

NOTIZEN

DATUM	UHRZEIT VON/BIS	ART DER LÄRMBELÄSTIGUNG

DATUM	UHRZEIT VON/BIS	ART DER LÄRMBELÄSTIGUNG

DATUM	UHRZEIT VON/BIS	ART DER LÄRMBELÄSTIGUNG

DATUM	UHRZEIT VON/BIS	ART DER LÄRMBELÄSTIGUNG

DATUM	UHRZEIT VON/BIS	ART DER LÄRMBELÄSTIGUNG

DATUM	UHRZEIT VON/BIS	ART DER LÄRMBELÄSTIGUNG

DATUM	UHRZEIT VON/BIS	ART DER LÄRMBELÄSTIGUNG

DATUM	UHRZEIT VON/BIS	ART DER LÄRMBELÄSTIGUNG

DATUM	UHRZEIT VON/BIS	ART DER LÄRMBELÄSTIGUNG

www.ingramcontent.com/pod-product-compliance
Lightning Source LLC
Chambersburg PA
CBHW072208170526
45158CB00004BB/1801